Dialogue
sur notre nature humaine

BORIS CYRULNIK
EDGAR MORIN

Dialogue
sur notre nature humaine

MARABOUT

BORIS CYRULNIK

– Je vous surveille depuis longtemps – il m'arrive même de vous lire – et j'ai l'impression que nous jouons un peu dans la même équipe mentale. Je suis ravi de trouver ici un collègue. Je vous vois en effet mettre votre nez partout et c'est exactement le reproche que l'on me fait. Je pense que sur le plan des idées, nous avons le choix. Soit nous décidons d'être spécialiste, une situation tout à fait confortable intellectuellement puisqu'il nous suffit d'accumuler de plus en plus d'informations sur un point de plus en plus précis : on finit alors, comme le dit le dogme, par tout savoir sur rien. Soit nous décidons d'être généraliste, c'est-à-dire de mettre notre nez, un peu chaque fois, dans la physique, la chimie, la biologie, la médecine légale, la psychologie : on finit alors par n'être spécialiste en rien, mais on a la meilleure opinion sur la personne qui nous fait face et que l'on appelle l'homme. Ce sont deux attitudes, deux politiques du savoir totalement différentes…

En vous lisant, j'ai l'impression d'avoir trouvé une attitude mentale portée vers l'homme.

EDGAR MORIN

– C'est juste, mais je repousse cette idée qu'il nous faut toujours et forcément nous situer dans l'alternative, ou bien être spécialiste et avoir un savoir pertinent, reconnu par les collègues, les universités et les institutions ; ou bien être généraliste et détenir un savoir absolument inconsistant. Il s'agit justement d'éviter cette alternative, ce qui est d'ailleurs le cas dans la science écologique, par exemple. La compétence de l'écologue touche les modes de régulation et de dérèglement des différents éléments qui constituent un écosystème. Jouant un rôle de chef d'orchestre, il va faire appel au savoir du botaniste, du zoologiste, du microbiologiste, du géologue, etc. Il en est de même en ce qui concerne les sciences de la Terre : depuis la découverte de la tectonique des plaques, la Terre s'étudie comme un système très complexe, dont tous les éléments sont en relation. D'une manière générale, dès que vous avez un objet où tous les éléments sont en relation, vous faites appel aux différents spécialistes concernés par cet objet, tout en vous cultivant, en incorporant les connaissances clés de leurs disciplines.

J'en viens alors à l'idée très importante de la culture. Qu'est-ce que la culture ? C'est le fait de ne pas être désarmé quand on vous place dans différents problèmes ! Par exemple, être cultivé historiquement signifie que lorsque l'on vous parle de la Bosnie, vous possédez un minimum de connaissances pour situer la Bosnie dans son histoire, son contexte géographique, l'histoire du communisme, des Balkans, etc. En fait, le vrai problème est de pouvoir faire la navette entre des savoirs compartimentés et une volonté de les intégrer, de les contextualiser ou de les globaliser. Pour vous donner mon propre exemple, celui d'un livre qui s'appelle *L'Homme et la Mort*. Pourquoi un tel livre ? Sans doute parce que j'étais fasciné par ce sujet, une pulsion inconsciente qui vient peut-être de la mort de ma mère – j'avais 10 ans –, mais aussi de celle que j'ai frôlée pendant la Résistance, de celle de beaucoup de mes amis… J'ai donc décidé d'étudier les attitudes, les conceptions humaines devant la mort. Cela se passe en 1950. Or vous savez qu'il n'existait pas, et qu'il n'existe presque toujours pas, une thanatologie, une science des choses de la mort. Pour écrire ce livre, j'ai été obligé d'étudier les ouvrages d'ethnographie consacrés aux conceptions de la mort dans les sociétés archaïques, mais aussi ceux sur les religions, sur les mythes... J'ai étudié la conscience adulte de la mort, les attitudes des philosophes lorsqu'ils ne croient plus en l'immortalité, les religions du salut, les problèmes de la mort dans nos civilisations contemporaines; j'ai dû aussi me demander ce que signifiait la mort d'un point de vue biologique. Mon investigation m'obligeait d'aller de la biologie à la mythologie. En faisant ce travail, je me suis rendu compte que ce que l'on appelait l'anthropologie – la science de l'homme – était quelque chose de tronqué, de mutilé. Dans l'anthropologie culturelle ou sociale, on éliminait en effet totalement l'homme biologique. Dans une vision où les déterminations étaient purement matérielles, on considérait que les mythes étaient de la superstructure, alors que ce sont des choses très profondes dans la réalité humaine. Je crois que c'est la raison de notre rencontre. Pour vous comme pour moi, on ne peut parler de l'être humain sans le considérer à la fois comme un être biologique, culturel, psychologique et social.

Nous nous rencontrons parce que nous savons que le fantasme, l'imaginaire ou le mythe sont des réalités humaines fondamentales.

BORIS CYRULNIK

– Je pense que l'Occident est effectivement un fragmenteur – et encore, « frag », ce n'est pas sûr ! C'est d'ailleurs la fragmentation (c'est-à-dire ce qui consiste à faire des objets partiels) qui a donné à l'Occident le pouvoir technique et intellectuel. Or si cet objet partiel creuse, va de plus en plus loin, fait de bonnes performances en laboratoire, cela n'est pas forcément le cas dans la vie. La pensée occidentale (et c'est son grand piège) a fini par croire que la partie peut être séparée du tout, alors que la partie est un élément du tout. Nos spécialistes ont fait des performances tellement bonnes que leur discours social admet que le morceau peut être séparé du tout. On fait une partie, une découpe artificielle, mais une découpe didactique. Après l'avoir manipulée expérimentalement, on oublie ou l'on refuse de la réintégrer dans le tout. Il s'agit là d'une faute de pensée. Vous avez pris la mort comme objet d'enchaînement et de réflexion.

Comme vous l'écrivez effectivement dans *L'Homme et la Mort*, cet objet de pensée doit partir de la biologie. À quoi ça sert, biologiquement, de mourir? On ne s'est jamais vraiment posé la question; je crois même que notre Occident l'a bien refoulée. Or quelques pages de votre livre parlent déjà d'éthologie, de la non-représentation de la mort chez les animaux. Et vos interrogations de 1951 sont toujours d'actualité. Dans un siècle ou deux, lorsque nous aurons enfin les réponses, nous nous donnerons rendez-vous pour en parler… En fait, le contresens est d'avoir fait croire qu'un objet de science pouvait être cohérent alors qu'il est un morceau du réel, arbitrairement découpé par la pensée, la technique et le laboratoire. Lorsque l'on observe la place de l'homme dans le vivant, on arrive à la conclusion que l'homme seul ne peut plus penser seul, qu'il est obligé de s'entourer d'une équipe. Le piège de la pensée serait de faire un galimatias théorique, une sorte d'œcuménisme des genres. Ce n'est pas du tout cela! Il s'agit d'associer des gens de disciplines diverses pour éclairer un même objet différemment. Chacun reste ce qu'il est. Simplement il doit apprendre à parler avec un autre. Le biologiste reste biologiste, mais il peut tenter une passerelle et trouver la richesse d'un psychanalyste ou d'un sociologue.

EDGAR MORIN

– Mais il y a besoin d'un long commerce pour que l'interdisciplinarité devienne féconde ; sinon, un peu comme à l'Onu, chacun voudra défendre sa frontière et son territoire ! Poursuivons ce que vous avez dit sur la fragmentation. Bien entendu, on finit par croire que les frontières artificielles entre disciplines sont les frontières qui correspondent à la réalité ; cela est une première illusion. Mais c'est toute la réussite de la science. On a même oublié que l'expérimentation consistait à prendre un corps hors de son milieu naturel et à le faire travailler, à l'influencer dans un milieu artificiel. On a développé les techniques de manipulation dans tous les domaines en oubliant du même coup la réalité des êtres vivants, des êtres humains. Aujourd'hui, le déferlement des pouvoirs manipulateurs de la science, depuis l'énergie atomique jusqu'à la génétique, est tel qu'il pose un vrai problème. Nous avons la puissance, mais pas la vraie connaissance et pas du tout la sagesse… Un autre vice est celui de la réduction. On croyait connaître un ensemble en définissant les éléments séparément. Dès le XVIIᵉ siècle, deux types de pensée s'opposaient. Celui de Descartes (qui a triomphé) disait : « *Quand je vois un problème très compliqué, je divise ses difficultés en petites parties et une fois que je les ai toutes résolues, j'ai résolu le tout.* » Celui de Pascal disait : « *Je ne peux pas comprendre le tout si je ne connais pas les parties et je ne peux pas comprendre les parties si je ne connais le tout* », invitant à une pensée en navette. Pascal n'a malheureusement pas été entendu, ni même compris. La pensée complexe essaie en effet de voir ce qui lie les choses les unes aux autres, et non seulement la présence des parties dans le tout, mais aussi la présence du tout dans les parties. J'ai en mémoire les mots d'un ami astrophysicien qui, à un œnologue qui lui demandait ce qu'il voyait dans un verre de vin, lui répondait : « *Je vois l'origine du cosmos car l'hydrogène s'est formé dans les premières minutes, je vois les soleils antérieurs aux nôtres pour les atomes de carbone, je vois les débuts de la Terre avec la formation des macromolécules, l'apparition de la vie, le développement du monde végétal, de la vigne sauvage, les progrès de la technique dans le contrôle électronique de la fermentation, de la température, etc.* » Cet ami a vu tout cela dans un verre de vin ! Je crois que l'on est encore loin d'avoir compris la nécessité de relier. Relier, c'est sans doute le grand problème qui va se poser à l'éducation… Concernant l'éthologie, ce qui m'a frappé et dont j'ai fait état dans mon livre anthropologique, *Le Paradigme perdu*, c'est combien l'étude isolée du chimpanzé en cage et en laboratoire était incapable de percevoir quoi que ce soit des chimpanzés. On pensait pouvoir mesurer leur intelligence en mettant trois tabourets et une banane accrochée au plafond et en calculant le temps qu'ils mettaient pour attraper le fruit. Or il a suffi qu'une humble personne, sténodactylo à l'origine, aille passer quelques années dans le milieu naturel des chimpanzés pour découvrir une société extrêmement complexe, des rapports entre individus très différenciés – l'absence d'inceste par exemple entre les garçons adultes et leur mère, un monde insoupçonné complètement détruit par le laboratoire et l'isolement. Et ce qui vaut pour l'éthologie vaut pour toutes les sciences! Ce que j'appelle l'éco-organisation, c'est que tout être vivant, et notamment humain, possède à l'intérieur de lui-même l'organisation de son milieu. Nous parlons parce que nous avons à l'intérieur de nous la culture, le langage, les connaissances de notre société. Du fait même que nous mangeons des

aliments, nous avons aussi de l'énergie exté-
rieure et l'organisation se trouvant dans ces aliments… Autrement dit, le monde extérieur est à
l'intérieur de nous dans un dialogue permanent.
Penser en termes contextuels nous fera certainement faire des progrès décisifs et pas seulement
cognitifs. Aujourd'hui, toutes ces connaissances
fragmentaires ont quelque chose de mortel. On
a créé des catastrophes naturelles en détournant
des fleuves en Sibérie ou en faisant des barrages
inconsidérés, on détruit des cultures dans une
logique économique close. Il s'est développé ce
que j'appellerais une intelligence aveugle aux
contextes et qui devient incapable de concevoir
les ensembles. Or nous sommes dans un monde
où tout est en communication, en interaction…

BORIS CYRULNIK

– On pourrait effectivement proposer l'idée
qu'une logique isolée n'est pas logique. Mais
Descartes, puisque nous parlons ici de lui, nous a
fait un coup bénéfique, car en coupant l'homme
et l'animal, le corps et l'âme, il a pu constituer
un objet de science. Si l'on pense qu'un arbre est
le lieu de nos ancêtres, il devient une personne

et l'on ne songe pas à le fendre pour observer les tubulures, la montée de la sève, car il serait appauvri par la coupure… Mais l'effet bénéfique est que l'on peut le considérer comme un objet de science. Descartes nous a rendu service car il a permis de considérer l'autre comme un objet de science, d'autoriser la dissection, la médecine expérimentale. Bien entendu, il y a aussi un effet maléfique. La logique isolée n'est pas logique, puisque, la partie ne pouvant être séparée du tout, il faut réintégrer les grandes performances des laboratoires dans le contexte, c'est-à-dire s'associer pour penser, faire des équipes de pensée et d'échanges… Dans un laboratoire, on peut démontrer par exemple, de manière logique et cohérente, que l'effet psychopharmacologique de deux comprimés de vitamine B6 est égal à celui d'un comprimé de vitamine B12. Or cela est une pensée parfaitement absurde. Si nous apprenons, en termes d'individu, à raisonner dans un contexte et une histoire, nous porterons un nouveau regard sur l'anthropologie. Ce ne sera plus une anthropologie « morceau par morceau » – la biologie contre la culture, l'inné contre l'acquis, l'homme contre son groupe social –, mais au contraire l'intégration d'un morceau dans le tout, où l'individu vit, fonctionne avec les échanges, les passerelles et toutes les navettes nécessaires. À ce moment, l'homme prend sa place dans la nature, il n'est pas contre la nature, surnaturel ni antinaturel, mais il garde sa place d'homme. Il devient alors un peu comme un centaure. La coupure ne passe plus entre l'homme et l'animal, elle n'est plus la coupure didactique qui a permis de faire de bons objets de laboratoire… Elle n'est plus cette coupure ontologique qui faisait de l'homme un être surnaturel par nature, au-dessus ou contre les animaux – cela donnait une quantité de discours cohérents, logiques dans leur système clos ; l'homme devait s'arracher à la nature, l'homme n'était radicalement pas un animal, etc. Or, lorsque l'on regarde l'homme en centaure, on comprend qu'il a ses pattes de cheval plantées dans la terre et que, progressivement, graduellement, il finit par arriver au stade du cerveau humain. Celui-ci est d'ailleurs le seul parmi les cerveaux des êtres vivants à pouvoir totalement décontextualiser une information. Le seul donc à être apte à faire signe, signe avec des gestes, des sonorités, des vêtements, etc. Dans un univers de centaure, tout fait signe ! Mais que l'on se rende bien compte que, avant d'arriver à faire signe, le centaure a ses quatre pattes plantées sur terre avec son corps de cheval. Pour étudier l'homme dans son ensemble, il s'agira alors de donner la parole au biologiste – au spécialiste des pattes de cheval –, mais aussi au linguiste, au sociologue qui, eux, prendront un autre niveau du même objet centaure. On réintégrera nos morceaux de connaissance dans un être vivant qui est l'homme dans la nature…

EDGAR MORIN

– À condition d'opérer en même temps une réforme des structures de pensée! Car, comme vous venez de le dire, il ne suffit pas de juxtaposer les apports du sociologue, du psychologue, du biologiste, il faut les raccorder. Je crois vraiment que l'on est victime d'un mode de pensée alternatif. Ou l'homme est naturel, et on le réduit alors à la nature, au comportement des chimpanzés, à la sociobiologie ou aux gènes; ou l'homme est surnaturel, et son corps n'est alors qu'un vague support, tandis que le reste prend le nom d'esprit, de psychisme et de culture… Or seule une autre structure de pensée peut nous permettre de concevoir en conjonction, et je dirais même en implication mutuelle, ce qui est vu en disjonction. Ce qui m'a intéressé lorsque j'ai écrit *Le Paradigme perdu* – et d'après les données apparues dans la science de la préhistoire et l'éthologie animale –, c'est que l'on pouvait plus ou moins reconstituer le roman de l'hominisation et envisager l'émergence, à une période donnée, du langage. On imagine très bien ces sociétés hominiennes multiplier leurs capacités techniques, leurs échanges de toutes sortes, y compris affectifs, et pour lesquels un langage se forme… En outre, le bipédisme libère la boîte crânienne, créant une sorte de caisse de résonance qui permet à l'être humain, contrairement aux autres mammifères, de chanter. À un moment, notre langage à double articulation fait irruption et nous donne les moyens d'avoir un vocabulaire illimité, de créer une syntaxe, etc. Que se passe-t-il alors? Eh bien, la culture, qui ne se trouve pas héréditairement intégrée, émerge et se transmet par apprentissage. Non seulement la culture naît au cours d'un processus naturel, mais elle s'autonomise relativement et permet ainsi le développement de l'humanité. L'une des hypothèses qui m'avaient séduit était celle-ci: il y aurait déjà eu à l'étape ultime, celle d'*Homo sapiens*, un berceau culturel favorable à l'éclosion d'un gros cerveau – ce gros cerveau qui dépasse en tous points celui de l'*Homo erectus*. Si la culture est le produit d'une évolution naturelle, le dernier stade de cette évolution ne pouvait se faire sans l'existence de la culture. Là, nous ne parlons plus seulement de coupure épistémologique, mais aussi de soudure ontologique. Nous parlons du cerveau avec un langage spécifique, chimico-électrique (synapses, connexions…), et de l'esprit avec le langage des mots, des phrases, des idées, etc. Le cerveau est vu sous l'angle biologique et l'esprit sous l'angle culturel – d'ailleurs, on traite le cerveau dans les départements de biologie et l'esprit dans les départements de psychologie. Or, cerveau et esprit sont absolument indissociables. Bien sûr, je ne crois pas que l'on puisse unifier les deux approches, mais elles devraient au moins communiquer. Comment ne pas les dissocier? Je pense qu'il y a ici un problème de réforme de pensée. L'idée qui me semble très importante est celle d'émergence. Dès que vous avez un ensemble organisateur, il produit des qualités nouvelles qui ne sont pas dans les éléments isolés. Or, pour que l'esprit émerge du cerveau, il faut non seulement que ce cerveau fonctionne, mais aussi que le fonctionnement de ce cerveau soit stimulé par l'environnement maternel, le langage que l'on apprend, la culture. Autrement dit, l'esprit n'est possible que s'il y a culture et cerveau. Un être qui n'a pas connu la culture n'est plus qu'un primate du plus bas rang, il ne peut développer ses facultés intellectuelles. Nous réalisons alors l'interdépendance formidable entre ce que l'homme a de culturel et de psychologique et ce qu'il a de cérébral et de biologique.

Si nous n'avons pas cette conception de l'émergence, nous continuons à découper et à découper encore…

BORIS CYRULNIK

– Vous écoutant parler d'émergence, je pense à Paul Valéry qui, lui, parlait de la deuxième naissance de l'homme, la naissance parolière après – et rendue possible par – la naissance biologique. L'homme naît d'abord, puis il naît à la condition humaine. Le phénomène de coupure dont on parlait nous a joué le vilain tour de cliver notre représentation de l'homme dans le vivant. Biologiquement, l'une des caractéristiques humaines essentielles n'est pas l'inceste, car on sait maintenant que chez les animaux en milieu naturel (mais pas en zoo ou en milieu domestique), il y a une inhibition du comportement sexuel.

À mon avis, la principale caractéristique biologique de l'homme dans le vivant est la néoténie, une lenteur extrême de développement. En clair, l'homme peut devenir adulte et se reproduire alors que son cerveau est encore à l'état fœtal. On voit cela dans les maladies d'Alzheimer; dans le cerveau qui fond, cesse de fonctionner ou disparaît, d'autres cellules continuent à bourgeonner…

EDGAR MORIN

– Certes, l'idée est classique de dire que les cellules du cerveau ne se renouvellent pas, mais ne dit-on pas que certains oiseaux comme les canaris ont des cellules cérébrales qui se renouvellent? Enfin, je crois…

BORIS CYRULNIK

– Les neurologues disent qu'à partir du stade fœtal, les cellules cérébrales commencent à disparaître alors que d'autres bourgeonnent et créent de nouvelles voies synaptiques, de nouveaux circuits neuronaux. Cela est vrai dès lors qu'il y a un cerveau, qu'il s'agisse des 20 000 neurones de la limace de mer ou des milliards de neurones de l'homme. En somme, comme l'affirme Cioran, le drame n'est pas tellement de mourir, mais d'être né, puisque la mort commence à la naissance. Mais dans le monde vivant, l'avantage de la néoténie est que l'homme peut biologiquement continuer à façonner son cerveau, sous l'effet des pressions de l'environnement. Cela est-il génétique ou environnemental? On ne peut répondre à cette question… ou alors uniquement de manière idéologique, c'est-à-dire que l'on envoie des lettres anonymes, on exclut, on disqualifie l'autre – les coups les plus bas sont ceux qui portent le mieux. En revanche, si l'on emploie le terme d'émergence, ou encore les termes de gradualité, de gradient, on peut raisonner différemment et proposer l'idée suivante : un petit d'homme qui arrive au monde ne peut devenir qu'un homme (puisqu'il a un programme génétique d'homme) et mille hommes différents selon son façonnement affectif, maternel, familial et social. Même la société peut participer à la structuration du cerveau ! La preuve est évidente : vous avez parlé des animaux isolés – en expérience éthologique, on les appelle les Gaspar Hauser, du nom de la légende de Gaspar Hauser en Allemagne au début du XIXᵉ siècle. Eh bien, un petit singe en situation Gaspar Hauser, privé de ses parents ou ayant subi un isolement sensoriel accidentel, ne peut même pas développer son programme génétique. Il ne peut pas devenir singe s'il est privé d'un autre singe. Et un homme (dont le cerveau est capable de vivre dans un univers imperçu) qui se trouve privé d'altérité humaine ne peut développer ses promesses génétiques.

EDGAR MORIN

– Et il ne peut même pas développer son aptitude au langage, qui s'abolit au bout d'un certain nombre d'années.

BORIS CYRULNIK

– … Et il ne peut en effet arriver à la deuxième naissance, qui est celle du langage. En fait, on en revient à cette importance de raisonner en termes d'émergence ou de gradualité. À cet instant, on peut faire des découpes d'objet – puisqu'il faut faire des réductions scientifiques, didactiques, arbitraires –, mais il faut réintégrer ensuite nos petits fragments de vérité dans un discours, notre mot dans une phrase. C'est seulement là que tout peut prendre du sens.

– Je pense qu'il y a non seulement deux naissances, mais plusieurs naissances de l'humanité. Et puis, de toute façon, il fallait absolument rompre avec cette idée que l'*Homo sapiens* a surgi, telle Minerve, de la cuisse de Jupiter avec la raison, le langage et la technique prêts à fonctionner! Nous savons maintenant que l'histoire a commencé il y a quelques millions d'années – et l'on recule de plus en plus. Une première naissance commence au début de l'hominisation (l'homme n'a qu'un cerveau de 600 cm³, à peine plus grand que celui d'un chimpanzé), avec la bipédisation, la vie dans la savane, la course, les abris. Il y a une autre naissance avec la domestication du feu et peut-être l'apparition du langage, si celle-ci précède effectivement l'apparition de notre espèce. Une troisième naissance a incontestablement lieu avec l'*Homo sapiens* (cela correspond aux sociétés archaïques) puisque l'homme développe considérablement ses techniques, ses capacités de représentation artistique, son imaginaire, ses croyances et ses mythologies. La Terre a été recouverte par des sociétés archaïques qui, si diverses soient-elles, obéissent à peu près au même système, des sociétés sans État, très peu différenciées et fondamentalement constituées de chasseurs-ramasseurs. Suit enfin une autre naissance, celle des sociétés historiques, qui commence à apparaître il y a sept, huit ou dix mille ans et qui se développent en détruisant les sociétés archaïques – il s'agit d'un véritable génocide qui est en train de se terminer actuellement en Amazonie ou dans les glaces polaires. Cette naissance des sociétés historiques comporte l'agriculture, les villages, les milices, les villes, l'État, la souveraineté, la guerre, l'esclavage, les grandes religions, la philosophie, l'intelligence, toutes choses absolument ambivalentes. Aujourd'hui, la question est de savoir s'il y aura une nouvelle naissance de l'humanité – en somme, la capacité de l'être humain, des groupes et des sociétés à se confédérer pacifiquement sur la Terre. Je pense qu'il faut effectivement cesser de voir l'humanité comme quelque chose de donné, de fixé, mais plutôt comme le produit d'un devenir toujours très ambivalent… Vous avez insisté sur l'importance de la néoténie, liée effectivement au gros cerveau. En même temps que le cerveau se développe, l'être se «juvénilise». L'adulte humain a même les caractères du nouveau-né singe! Il a le visage droit, il n'a pas de poils et son pénis n'est pas dégagé (un certain nombre de civilisations ont d'ailleurs terminé l'œuvre de la nature avec la circoncision). Il est clair que les adultes ignorent qu'ils demeurent des êtres infantiles, du reste à la fois pour le pire et pour le meilleur, puisqu'ils gardent des curiosités d'enfants, sont capables de chercher, demeurent disponibles – malheureusement, dans nos sociétés bureaucratisées, toutes ces qualités s'atrophient très souvent. J'ajoute aussi le surgissement désordonné du rêve, du rêve du sommeil nocturne, mais surtout des fantasmes qui viennent à l'état de veille. Dans le fond, je pense que tout être a en lui, d'une façon plus ou moins refoulée, tous les âges de la vie – le nouveau-né, dont la gravité est fabuleuse à regarder, est déjà un vieillard possesseur d'une sagesse immémoriale dont il n'est évidemment pas conscient. Je dirais même que l'idéal humain serait d'avoir vivants en soi ces âges de la vie, entendu que la vieillesse soit une bonification et non pas une vinaigrisation!... Un petit mot sur l'inceste (ou plutôt les inhibitions d'inceste dont vous avez parlé), qui est extrêmement important puisqu'une grande partie de l'armature de la théorie freudienne est fondée là-dessus... Il n'existe pas chez les chimpanzés d'inceste père-fille, parce qu'il n'y a pas de père. Le père qui ne sait pas qu'il est père peut donc coucher avec sa fille. Finalement, le père fait irruption très tardivement dans l'histoire de l'humanité (s'imposant dans la famille avec sans doute des désirs pour les filles), contrairement à ce qu'avait pensé Freud, pour qui tout commence par le meurtre du père. La thèse de Moscovici m'avait assez séduit : la véritable prohibition de l'inceste, c'est en fait l'inceste père-fille. Et si Œdipe commet un acte absolument horrible, ce n'est pas parce qu'il y a prohibition sociale ou culturelle de l'inceste mère-fils, mais parce qu'un tel événement est absolument inconcevable. Il est donc vrai que la prohibition de l'inceste joue un rôle culturel incontestable ; elle permet l'exogamie, les mélanges… Cela montre bien la complexification de la connaissance humaine et de l'être humain. Que sommes-nous ? Nous avons, bien entendu, un héritage génétique, mais nous possédons ces gènes qui nous possèdent. Ceux-ci nous permettent en même temps d'avoir un cerveau, un esprit, etc. Avec les progrès de la biologie, nous sommes même capables de contrôler nos gènes ! Finalement, nous sommes devenus plus puissants que ces gènes. Nous savons que ce sont nos expériences et nos cultures qui permettent l'expression de certains gènes ou l'inhibition de certains autres. Nos expériences vécues singularisent notre destin. Il est évident que chaque enfant peut réagir d'une façon absolument différente aux coups du sort. L'enfance n'est pas seulement faite de jeux et de rigolades, mais d'une série d'expériences tragiques, absolument tragiques. Des expériences qui handicapent pour la vie ou, au contraire, qui renforcent.

BORIS CYRULNIK

– En parlant de naissances, au pluriel, de l'homme, vous m'avez convaincu. Dans notre petit groupe où des anthropologues, des biologistes, des vétérinaires, des psychologues travaillent, observent, manipulent et réfléchissent ensemble, nous avions proposé le terme de gradient, mais votre expression de «naissances de l'homme» me paraît jolie et concluante. Il est vrai que la notion de gradient, piquée à la biologie et rendue ici plus littéraire, permet de dire que les naissances dans le monde vivant commencent avant l'homme. Les plantes sont par exemple soumises au contexte, elles ont des racines et doivent pomper l'oxygène, le soleil, l'eau. Dans un contexte de mammifère, le premier gradient de liberté biologique, c'est la graisse. Ainsi, dès l'instant où un être vivant peut stocker dans son propre corps l'énergie qui va lui permettre de se déplacer, il échappe à l'immédiateté des stimulations du contexte : il a un premier degré de liberté biologique. Le deuxième degré de liberté biologique est l'homéothermie, c'est-à-dire que la température interne reste stable quand la température du monde extérieur varie. À ce moment, l'animal ou l'être vivant possède un moyen de rester lui-même et d'échapper encore plus aux variations de la température. Le troisième degré de liberté biologique dont vous avez parlé, c'est le rêve, le sommeil paradoxal, « le récipient biologique à rêves » – puisque l'on ne sait pas encore ce que les événements vont mettre dans le rêve. L'aptitude biologique à fabriquer et à sécréter biologiquement du rêve existe chez les animaux. Et il est passionnant de comprendre à partir de quel niveau du vivant le rêve, le sommeil paradoxal, l'aptitude à rêver apparaissent.

On sait que certains animaux alternent seulement des ondes lentes et des ondes un peu plus rapides et que, ne fabriquant pas du sommeil rapide, ils sont totalement soumis aux stimulations du contexte…

– Mais les animaux qui rêvent ne sont-ils pas homéothermes ?

– Tout à fait ! Les poïkilothermes sont soumis aux variations du contexte et les homéothermes restent stables. Ce qui est intéressant, quand apparaît le sommeil paradoxal, c'est que les animaux peuvent acquérir de l'expérience, en somme que la mémoire devient plus forte. Dès l'instant où l'expérience peut se tracer dans la base de leur cerveau, ils peuvent tenir compte de ce qui leur est arrivé, non pas dans leur histoire, mais dans leur mémoire, pour éviter par la suite quelque chose qui a été douloureux ou pour retrouver au contraire quelque chose qui a été agréable. L'apparition biologique apporte du sommeil paradoxal et apporte donc un degré supplémentaire de liberté. Chez les enfants, les petits d'homme, le jeu continue ce processus : l'enfant expérimente, fait comme ci ou comme ça, regarde, joue… Il commence par le « guili-guili », ensuite fait « boum tomber », puis « je vais t'attraper ». Le jeu du « je vais t'attraper » est important, car il signifie « tu commences à devenir autonome et je vais te courir après, mais tu peux t'enfuir ». C'est un degré de liberté. Le jeu de « coucou » est la première victoire épistémique de l'enfant puisque l'objet qu'il voit apparaître correspond à ce qu'il a pensé. Enfin, « caca boudin » est à mon sens le jeu suprême car, par le jeu de mots, il montre justement, à travers la liberté absolue, que l'on peut vivre dans un monde de virtualité grâce à nos paroles. La parole, c'est à la fois merveilleux et terrible. Vous avez parlé de génocide… En effet, dès l'instant où l'on devient capable d'habiter le monde virtuel – que l'on invente avec nos récits –, on peut très bien se haïr et désirer logiquement se tuer, pour l'idée que l'on se fait de l'autre et non pas pour la connaissance que l'on en a. À cet instant, on échappe aux mécanismes régulateurs de la nature et l'on devient complètement soumis au monde que l'on crée. Et c'est alors le plus moralement et le plus logiquement du monde que l'on fabrique et constitue des génocides.

EDGAR MORIN

– À propos, d'abord, de l'homéothermie, il me semble qu'il faut y introduire le concept de régulation, lui-même fondé sur la boucle rétroactive, notamment la rétroaction négative. Pourquoi? Supposons que l'on ait un système, même physique – un système de chauffage central par exemple –, doté d'un thermostat. La température suscitée – disons l'effet – rétroagira sur la cause, puisque le thermostat va arrêter la chaudière ou la réenclencher si la température baisse. Cette boucle rétroactive crée une autonomie thermique. Ce concept d'autonomie était inconnu de la science classique, soumise au déterminisme extérieur. Aujourd'hui, il est indispensable d'avoir des concepts capables d'expliquer ce qu'est l'autonomie et, à partir de là, la liberté... Dans le domaine vivant, une autre dimension me semble importante, la dimension cognitive. J'ai le souvenir d'une expérience très singulière qu'a relatée la revue *Science* : dans une forêt, des expérimentateurs avaient totalement exfolié l'arbre d'une certaine espèce. Celui-ci a eu une poussée de sève pour reconstituer ses feuilles, mais il a également sécrété un produit antiparasite. Le plus intéressant, c'est que les arbres de même espèce du voisinage ont commencé par sécréter ce même produit antiparasite ; en somme, une communication s'est établie. De même, dans le monde végétal, nous savons qu'il existe des stratégies. Les radis sont terribles, ils empoisonnent le sol et empêchent les autres plantes de pousser à côté d'eux. Les idées d'intelligence existent aussi dans le monde animal... Mais quelle sera la différence? La différence, c'est que l'intelligence consciente se sert du langage et des mots, c'est que nous allons créer une noosphère, c'est-à-dire une sphère de produits de nos esprits. Et cette sphère va entourer l'humanité comme les nuées qui entouraient la marche des Hébreux dans le désert. Par ailleurs, je pense que nous ne réalisons pas que les idées – qui sont désormais nos intermédiaires nécessaires pour communiquer avec la réalité – vont aussi masquer la réalité et nous faire prendre l'idée pour le réel. Ce rapport barbare avec les idées est l'une des plus atroces choses qui soient arrivées à l'humanité. Pourquoi? Parce que, de même que les communautés humaines ont suscité des dieux souvent terribles, exigeant des sacrifices humains innombrables, on donne aujourd'hui une existence, une transcendance à nos idées. On est capable de tuer ou de mourir pour une idée. Voilà donc à quoi ressemble cette sorte de sphère qui a émergé! Si on ne la nourrissait pas avec nos activités cérébro-mentales et culturelles, elle s'effondrerait...

Un dernier mot sur tous ces jeux que vous avez cités et que, mis à part le « caca boudin », ma petite chatte sait faire : elle joue à faire coucou, à se cacher, à « attrape-moi »…

BORIS CYRULNIK

– Les jeux de mots sont assez rares chez les chats, pourtant ce sont eux les maîtres du monde, ce sont eux qui nous domestiquent…
Pour revenir à votre idée, si je l'ai bien comprise, le principal organe de la vision, c'est la pensée. On voit avec nos idées…

EDGAR MORIN

– Les yeux obéissent souvent à nos esprits, plus que nos esprits à nos yeux.

BORIS CYRULNIK

– … Et l'on va découper dans le réel ce que notre pensée avait déjà au préalable l'intention de trouver. La pensée est donc une organisatrice de la perception du réel. Vous avez parlé d'inceste. Il est certain que c'est un concept permettant de catégoriser, peut-être même abusivement, l'homme et le vivant. Lorsque l'on mène des études sur les plantes avec des substances radiomarquées, on voit que les pollens des plantes ne vont pas féconder les plantes proches, mais les plantes à distance. Déjà, au niveau biologique végétal, un mécanisme naturel existe, qui permet de mélanger les programmes génétiques. Si un programme génétique se répète, il finit par mener à la routinisation du programme, ce qui peut être une facilité ou une économie de gestion chez les plantes, les animaux et peut-être aussi les hommes… Mais cela vulnérabilise l'espèce car la moindre variation écologique pourra l'éliminer. Si un être vivant, une plante, un animal ou un homme est trop spécialisé, il fait des performances de plus en plus grandes et devient de plus en plus vulnérable, puisque la moindre variation condamne l'espèce entière à mort. C'est d'ailleurs pour cette raison que 99 % des espèces vivant à l'origine ont aujourd'hui disparu. En revanche, les espèces qui persistent sont celles qui sont justement néoténiques, qui produisent le même mécanisme au niveau du mélange des gènes, des rencontres des gamètes pour les espèces sexuées. C'est le brassage qui contraint l'être vivant, animal, plante ou homme, à inventer un autre être vivant à partir du même programme génétique. Et c'est de cette diversité que naît la diversité de la vie et, dès que les environnements varient, l'adaptation possible à la survie.

EDGAR MORIN

– Tout cela nous confirme que le trésor de la vie et de l'humanité est la diversité. La diversité qui ne nie nullement l'unité, car il faut prendre garde, là encore, à ne pas tomber dans l'alternative. Ou bien l'on ne voit que la diversité, que des catalogues, et l'on oublie l'unité, ou bien l'on ne voit que l'unité, on homogénéise tout et l'on ne donne plus aucune importance à la diversité. L'extraordinaire richesse humaine est un tronc commun – ce que l'on peut appeler une nature humaine – à partir duquel il existe des possibilités inouïes de diversité individuelle, culturelle, de langue. Je me souviens qu'au début de la révolution verte, lorsque l'on a voulu rationaliser les cultures en sélectionnant le génome le plus important d'une espèce de blé ou de riz, il suffisait qu'un pathogène attaque ce génome pour que toute la récolte soit foutue. Et l'on est rapidement revenu à l'idée d'une nécessaire diversité génétique. Aujourd'hui, l'un des problèmes écologiques les plus fondamentaux qui se posent à la biosphère est la marche vers la destruction de la diversité végétale et animale. Nous le sentons bien, parfois même quasi instinctivement, quand on essaie de sauvegarder des espèces en voie de liquidation. Accomplir l'unité de l'espèce humaine tout en respectant sa diversité est une idée non seulement de fond, mais de projet.

BORIS CYRULNIK

– Au cours des xixe et xxe siècles scientifiques triomphants, on parvient à faire des objets de laboratoire purs, sans double injonction, sans paradoxe, c'est-à-dire des objets fabriqués pour le laboratoire et qui ne vivent que dans le laboratoire. Dans le vivant, ce qui vit est le paradoxe et la double injonction vitale. Et c'est peut-être cela qui nous permet d'évoluer, d'innover. Si l'on prend l'exemple des couples d'opposés, on se rend bien compte que dans la biologie et dans le cerveau même, les stimulations ou les molécules qui provoquent le plaisir sont très proches des stimulations ou des molécules qui provoquent la souffrance. En psychologie, on sait très bien que pour un poil, un mot ou un regard, on passe de l'angoisse à l'extase, de la mélancolie à l'agitation euphorique, et inversement. Dans le vivant, on est donc sur la crête du rasoir. Dans le laboratoire, on choisit son objet, on le fabrique, on le manipule, on en fait de longues séries… Ce qui permet d'illustrer ce concept, c'est peut-être l'idée de la mort. Si l'on prend ce concept sur le plan biologique et que l'on en fait un objet de laboratoire, on se rend compte que l'être organisé vivant s'use et arrive progressivement à la mort, à la fin de l'individu – au sens biologique du terme. Si l'on quitte le laboratoire et que l'on replace cette aventure dans le vivant, on voit que l'individu peut mourir, mais pas la vie. La vie, elle, ne cesse de se transmettre. C'est pour cela que la mort et l'amour – comme le disent les romans à l'eau de rose – sont biologiquement associés. Avant ma naissance, j'existais déjà dans les gamètes de mes parents; après ma mort, je continuerai à exister dans mes enfants et peut-être même dans deux ou trois idées. On devrait toujours observer l'objet vivant sous forme de couple d'opposés, le bénéfique et le maléfique, l'individu mourant mais transmettant la vie. On arrive alors à produire des objets d'observation totalement différents. Dans un laboratoire, je pourrais étudier les performances intellectuelles d'un enfant, je fabriquerais donc un objet pur, ce que l'on appelle par exemple le quotient intellectuel. Mais ce quotient n'existe que dans un laboratoire, au seul moment où je le mesure. Si je prends maintenant une attitude plus vivante, globaliste, si je remets l'enfant dans son contexte vivant, je me rends compte que cet enfant peut faire à un moment de sa vie une performance lamentable parce qu'il est malheureux, parce que ses parents sont morts ou le maltraitent, parce qu'il a un processus d'inhibition… Puis, si l'on réchauffe affectivement ce même enfant, il fera trois semaines après une performance extraordinaire. Remis dans le monde vivant, l'objet change complètement de description. On voit bien que le laboratoire, qui a fait un objet pur, nous leurre, nous trompe.

EDGAR MORIN

– Je suis tout à fait d'accord! Je voudrais même insister sur l'intimité de la relation entre les termes de vie et de mort, deux termes foncièrement antagonistes, mais en même temps absolument complémentaires, et pas seulement de la façon dont vous l'avez dit. Je crois qu'Héraclite, dans sa formule « vivre de mort, mourir de vie », a énoncé cette relation paradoxale qui aujourd'hui peut enfin être élucidée. Pourquoi? Parce que l'on sait désormais que ce qui différencie une machine vivante d'une machine artificielle, c'est qu'une machine artificielle, bien que constituée de pièces extrêmement fiables, commence à se dégrader dès qu'elle se met en marche. Alors que l'être vivant, constitué de protéines (ce qu'il y a de moins fiable puisque les protéines se dégradent sans arrêt), reconstitue justement ses molécules; ses cellules meurent, mais se reconstituent de nouvelles cellules. Ce qui est paradoxal, c'est que l'être se rajeunit sans cesse. Le processus humain n'est pas un processus d'usure comme dans la machine, c'est un rajeunissement qui, du reste, s'accompagne d'un autre système de régénération. En effet, à chaque respiration, je prends de l'oxygène qui détoxique mes cellules; le battement de mon cœur est la pompe qui fait circuler ce sang oxygéné et refouler le sang toxifié. La vie est un processus continu de rajeunissement. Pourquoi mourir de vie, selon la formule d'Héraclite? Parce que c'est tuant de rajeunir sans cesse! À la longue, on n'en peut plus! Au fond, les individus meurent, mais, grâce à la culture, tout le savoir se retrouve porté sur les nouvelles générations. Une société vit de la mort de ses individus. Et les fameux cycles trophiques, écologiques, de nourriture, sont des cycles de mort. L'herbivore qui mange de l'herbe se fait effectivement croquer par le petit carnivore qui va se faire croquer par le gros carnivore qui, en mourant, devient une nourriture succulente pour les insectes et les vers de toutes sortes, dont les bactéries vont se nourrir, jusqu'aux sels minéraux qui vont être resucés par les racines des plantes : le cycle de vie est en même temps un cycle de mort ! Dans ce domaine aussi, notre logique unilatérale et linéaire est absolument insuffisante. Mais cela n'empêche pas qu'en étant deux parfaites collaboratrices, la mort et la vie soient deux ennemies. À ce titre, j'ai été très frappé par un axiome d'un thermodynamicien d'origine autrichienne, Trincher, qui disait que la vie ne peut exister qu'à la température de sa propre destruction. Ainsi, pour être vivant, il ne faut pas que l'on soit liquide – sinon l'on dégouline – ni trop solide – car il nous manquerait la souplesse. C'est d'ailleurs cette idée que j'ai reprise sur le plan de la pensée, en disant que la vraie pensée ne peut se former qu'à la température de sa propre destruction. À ce moment, il n'y a pas seulement cette relation qui associe amour et mort, il y a aussi une relation antagoniste : l'amour est la seule force que l'on peut opposer à la mort.

– Vous avez dit que la société vit de la mort de ses individus. Ne peut-on pas dire également qu'une société vit de la mort de ses théories? Car le plus sûr moyen d'assassiner une idée, c'est de la vénérer. À force de la répéter, on la transforme en stéréotype, au point que l'on peut la réciter en pensant au dernier match France–Angleterre! Faire vivre une idée, c'est au contraire la débattre, la combattre, chercher à tuer certains éléments qui la composent. Nous savons de toute façon que les causalités linéaires sont abusives; c'est nous qui les fabriquons pour donner au monde une vision réductrice et donc sécurisante. Dès l'instant où j'ai une certitude, la certitude est le meilleur de mes tranquillisants; or on connaît les effets des tranquillisants, ils font dormir et engourdissent la pensée. Aussi, une petite angoisse, un petit débat, la petite mise à mort d'une idée permettent-ils de créer une autre idée, de faire vivre et faire naître une nouvelle théorie. Même raisonnement pour l'homme! Lorsque nos enfants arrivent au monde, pourquoi leur faut-il vingt à trente mois pour apprendre à parler notre langue? Il y a en fait une genèse préalable qui les prépare à la langue. Lorsqu'ils arrivent à la langue, ils naissent à un autre monde, structuré auparavant par le récit de leur famille et de la société. Et lorsque l'on vieillit, c'est généralement là, au troisième âge, que l'on arrive à comprendre le sens de nos efforts, ce sens pouvant alors se mettre en récit. Il y a, à ce moment, une notion importante, celle de passer le relais à d'autres qui feront de nouvelles théories. Si l'on veut vivre, on est voué à débattre et à combattre, c'est évident.

EDGAR MORIN

– Oui... Et j'ai d'ailleurs essayé d'établir une conception des idées en faisant la différence entre théorie et doctrine. J'appelais théorie un système d'idées qui se nourrit dans l'ouverture avec le monde extérieur, en réfutant les arguments adverses ou en les intégrant s'ils sont convaincants, et en acceptant le principe de sa propre mort, de sa propre biodégradabilité si par exemple des événements infirment la théorie. C'est du reste ce qui arrive dans les sciences, puisqu'il y a une compétition dans les théories : quand arrive une nouvelle théorie, plus complète que l'ancienne, l'ancienne accepte la mort. Une doctrine est une théorie, mais elle est fermée.

Elle se réalimente sans arrêt par la référence à la pensée de ses fondateurs, dits infaillibles, du type « Marx a dit », « Freud a dit », références à un texte canonique, biblique, etc. Ces dernières veulent être une confirmation permanente de l'idée, quand quelque chose semble la contredire, quand la réalité présente un obstacle. Bien sûr, les doctrines peuvent vivre plus longtemps, car elles se blindent. Le plus souvent, elles peuvent tenir des siècles parce que l'on ne peut finalement les vérifier qu'après la mort : le paradis, l'enfer, la promesse de Dieu, etc. Mais même sur le plan des idées sociales et politiques, combien de temps des théories perdurent, alors que l'on a montré leur fausseté de multiples façons ? Et pourquoi ? Mais parce que les doctrines satisfont des désirs, des aspirations, des besoins. Regardez le marxisme – sous ses formes vulgaires : il a été très rapidement démontré que ses prédictions en matière des classes moyennes et du prolétariat étaient fausses. Pourtant il renaissait, car il correspondait à une promesse, il cachait une religion. Et il a fallu attendre l'effondrement de l'Union soviétique pour que ce marxisme s'effondre. Vous avez également en sociologie des théories ineptes qui peuvent durer quarante ans… En fait, je pense que nous devrions vivre avec des théories et non pas des doctrines, c'est-à-dire des idées auxquelles nous croyons mais dont nous n'avons pas la certitude absolue. On peut être absolument certain d'un fait, mais sur des théories comme les théories physiques, celles de la connaissance, de la politique, de l'humanité, il y a incertitude… Pascal nous avait donné l'exemple en disant que l'on ne pouvait pas prouver l'existence de Dieu – la chose pourtant la plus sacrée pour lui. Pascal parie et je crois que nous le faisons aussi pour nos valeurs, valeurs dont on ignore si elles vont ou non se réaliser sur terre. Je suis persuadé que l'on peut et doit vivre avec de l'incertitude. La vie est une navigation sur un océan d'incertitude, à travers des archipels de certitude. Nous sommes dans une aventure collective inconnue, mais chacun vit son aventure. Chacun est certain de sa mort, mais nul n'en connaît la date ou les circonstances. Bien entendu, on risque alors d'être submergé par l'angoisse. À mon sens, la riposte à l'angoisse est la communion, la communauté, l'amour, la participation, la poésie, le jeu… toutes ces valeurs qui font le tissu même de la vie. La question est celle-ci : pensez-vous que nous sommes à une époque historique où l'humanité peut enfin assumer son destin – c'est-à-dire son destin de vivre une aventure inconnue –, ou bien avons-nous toujours besoin de mythes consolateurs et d'illusions formidables pour tenir?

BORIS CYRULNIK

– En effet, on dit souvent que les théories sont trop cohérentes pour être honnêtes, que les scientifiques lissent souvent les courbes. Quand on fait une théorie trop lisse, elle est désadaptée du réel et elle ne peut plus évoluer. C'est dans les aspérités d'une théorie que se trouve l'étrangeté qui va permettre d'en inventer une nouvelle… Reprenant ce que vous avez dit sur le monde de la certitude et de l'incertitude, il me semble que lorsqu'une théorie devient trop cohérente, elle perd sa fonction de pensée; elle sert à unir certes, mais non à penser. Dès l'instant où des scientifiques, des politiciens, des philosophes, etc., répètent et habitent la même théorie, ils s'adorent entre eux, mais haïssent ceux qui en récitent une autre. La théorie prend une fonction de clan et non plus de pensée. Cet usage de la théorie me paraît tout à fait dangereux car il brise la rencontre. Cette attitude théorique trop cohérente va réagir par l'excommunication, la déportation, la rééducation: on va briser l'intrus, l'empêcher d'avoir une chaire, couler sa revue, comme cela se passe dans le monde scientifique, philosophique, politique, peut-être même dans le monde humain d'aujourd'hui. S'agissant de la nouvelle humanité, il est vrai que nous avions l'impression que la condition humaine était une aventure, convaincus de notre mort immanente, de notre passage furtif sur terre. Or cela n'est qu'une représentation du monde. Les sociétés et les cultures qui ont par exemple pensé la métempsycose ont fourni très peu de racismes, puisque les hommes s'entraînaient à se mettre à la place d'un autre être vivant. Ce décentrement de soi-même donnait une petite incohérence à la théorie… Cet entraînement à se mettre à la place d'un autre – ce que les philosophes nomment l'empathie – est un concept que je crois très utile, que l'on devrait en tout cas dépoussiérer, surtout avec les circonstances politiques qui sont en train de se dessiner. Car se mettre à la place d'un autre, c'est s'enrichir, mais c'est un effort, c'est aller à la découverte d'un nouveau continent mental, d'une nouvelle manière de penser, d'une nouvelle manière d'être homme. L'enjeu est capital, il s'agit d'un véritable quitte ou double: on s'enrichit en ouvrant son monde ou l'on fait une théorie cohérente et on le disqualifie, on l'excommunie, on l'exclut. Cette nouvelle humanité qui est en train de naître doit être une humanité de débat. Cela est très fatigant mais très passionnant, c'est la source de la vie.

EDGAR MORIN

– C'est un point capital, en effet, ce que j'appelle la différence entre la rationalité et la rationalisation. Elles ont la même source, c'est-à-dire le besoin d'avoir une conception cohérente de la réalité. Seulement, la rationalité signifie que l'on ne peut avoir une cohérence absolue – il y a quelque chose qui résiste à la réalité. Comme le disait Shakespeare, il y a plus de choses dans le ciel et sur la terre que dans toute notre philosophie et, bien entendu, dans toute notre science. Dans le fond, toute volonté d'avoir une théorie absolument cohérente se fait dans la perte de son contact avec le réel, dans son dessèchement et dans son durcissement. La rationalisation devient alors un mal effrayant, parce que l'esprit rationalisateur se croit rationnel et que les autres sont délirants. Cette folie typiquement occidentale de la rationalisation existe bien. Pendant un temps, dès qu'il y avait un attentat, on disait: « On ne sait pas encore s'il s'agit de l'acte d'un fou isolé ou d'un acte politique. » Autrement dit, l'acte d'un groupe ayant un délire rationalisateur n'était pas un acte fou. Aujourd'hui, nous devons savoir qu'il est rationnel de connaître les limites de la raison. Il faut avoir une attitude de compréhension à l'égard d'autrui, savoir que les malheureux qui sont emportés dans des délires idéologiques sont véritablement possédés, ne savent pas ce qu'ils font. J'introduis cette idée alors que vous avez esquissé la notion de métempsycose, notion qui nous renvoie directement au Bouddha, à son principe de compassion, de souffrir avec, d'avoir le sens de la souffrance, pas seulement humaine, mais du monde vivant. Cela, le monde de l'Occident ne l'a pas compris ; pourtant, Jésus l'avait dit de ceux qui le crucifiaient : « Ils ne savent pas ce qu'ils font »…

BORIS CYRULNIK

– Les délirants disent toujours qu'il faut être fou pour ne pas voir ce qu'ils voient. Les seuls à avoir des certitudes sont les délirants. L'évidence est certainement le plus grand piège de la pensée. Dès l'instant où quelqu'un doute, il me rassure… Vous avez fait une distinction qui me plaît beaucoup entre rationalisation et rationalité.

Les philosophes nous ont fait croire que la pensée pouvait être abstraite du corps et complètement indépendante de nos émotions. Or, actuellement, les travaux des neurologues et des neurobiologistes montrent très clairement qu'un accident (ou une expérimentation) sur le cerveau variant la nature de l'émotion change complètement la théorie du monde. C'est ce que disait Freud, qui a quand même joué un rôle important dans notre pensée. Il avait appelé cela la rationalisation, c'est-à-dire la forme cohérente donnée par la pensée, servant uniquement à justifier nos émotions. C'est important, car dès l'instant où une théorie est cohérente, on peut percevoir un monde cohérent, percevoir et agir, coexister et habiter le monde.

EDGAR MORIN

– C'est cela qui est intéressant : c'est pour des raisons irrationnelles que nous rationalisons.

BORIS CYRULNIK

– Effectivement, on ne sait pas pourquoi on a besoin de cette rationalité et de cette cohérence. Mais il faut savoir que cette cohérence est peut-être due à une stimulation du cerveau. Les animaux vivent dans un monde beaucoup plus contextuel que l'homme, puisqu'ils n'existent pas dans le monde du signe, de la parole, du récit. L'homme, lui, vit essentiellement dans un monde du récit, du virtuel, de l'abstraction, des lois mathématiques. Nos émotions ont un pied dans la matière cérébrale… Si je stimule le rhinencéphale, le cerveau du nez, des émotions et de la mémoire, ou si je fais l'ablation de mon lobe préfrontal, je vais me représenter un monde complètement différent. Dans mes émotions d'homme, j'ai donc un pied dans la matière cérébrale, mais un autre pied dans les récits structurés autour de moi, par ma culture, ma famille, mes amis, mon groupe. Ces récits, ces représentations verbales artistiques vont aussi déclencher en moi des émotions. Et l'on comprend mieux les naissances successives de l'homme que vous avez nuancées tout à l'heure.

EDGAR MORIN

– Je veux ajouter ceci. Le doute ne doit pas être une chose qui peut être isolée, excluant la foi. Les croyants ne peuvent vraiment éliminer le doute. Et nul sceptique ne peut éliminer une foi ;

elle a toutes les chances d'apparaître dans les moments de faiblesse. Je pense qu'aujourd'hui, nous devons accepter que nos fois soient en dialogue avec nos doutes. Dans le monde animal, le développement de l'intelligence va de pair avec le développement de l'affectivité. Mais il faut dire aussi que cette affectivité brouille souvent l'entendement, nous rend idiot, aveugle. Sans elle, nous n'aurions pas notre intelligence, notre soif de connaître, l'aptitude à chercher dans le monde. Il faut cesser de dire que l'intelligence doit se faire au détriment de l'affectivité!

EDGAR MORIN

– Je voudrais revenir sur le fait que nous devons accepter le doute, mais que nous pouvons très bien le combiner avec la foi, étant entendu que ces deux notions peuvent non seulement coexister, mais dialoguer l'une avec l'autre. La foi correspond à nos ardeurs, à nos besoins, à nos aspirations. Et c'est sans doute notre destin que d'être des êtres qui nous nourrissons aussi bien de doute que de foi. Je voudrais également revenir sur cette idée que nous ne pouvons pas dissocier rationalité, ou plutôt intelligence, et affectivité. Toute l'histoire du développement de nos ancêtres et cousins, les mammifères, montre en effet que l'intelligence et l'affectivité croissent l'une avec l'autre. Souvenons-nous des discussions suscitées par la théorie de Mac Lean sur les trois cerveaux – ce qu'il a appelé le cerveau triunique de l'être humain. Celui-ci porte en lui le cerveau reptilien (siège de l'agression), le cerveau des anciens mammifères (siège de l'intelligence et de l'affectivité), enfin le néocortex cérébral (siège des opérations logiques dites rationnelles). D'après Mac Lean, il n'existe pas de souveraineté du rationnel sur l'affectivité, mais des hiérarchies en permanente permutation, où nos instincts les plus bestiaux vont contrôler notre intelligence pour réaliser ses finalités. Ainsi, la rationalisation d'Auschwitz – l'industrie de la mort humaine – est une entreprise de destruction utilisant les puissances rationnelles, techniques de l'esprit humain. Notre raison ne contrôle pas notre affectivité et nos pulsions les plus profondes. Et effectivement, ce déséquilibre permanent est à la fois source de ce qu'il y a de plus horrible (destruction, meurtre) et de ce qu'il y a de plus beau (invention, création, poésie, imagination). Si la rationalité contrôlait tout, il n'y aurait plus d'inventivité dans l'espèce humaine… Il faut sans doute espérer réguler cette machine cérébrale qui tend à devenir démente. Regardez certaines circonstances critiques, comme le Rwanda, où deux populations qui coexistaient de façon pacifique passent à une violence mutuelle inouïe… À un moment, se déchaîne dans l'une de ces populations puis dans l'autre un délire meurtrier terrifiant. Certaines conditions culturelles et sociales libèrent les monstres que l'être humain porte en lui. Je pense que la régulation doit venir des deux côtés, d'une part de la société, d'autre part de notre capacité individuelle d'examen et d'autocritique. Cela suppose une très grande réforme de l'enseignement, dès les petites classes, qui apprendrait à se connaître soi-même – l'une des grandes carences d'aujourd'hui est que l'on a relégué dans la littérature ce que l'on appelle l'introspection. Lire Montaigne, c'est pratiquer une hygiène de l'esprit, c'est s'auto-observer, réfléchir sur le rôle de la civilisation, créer les barrières qui empêchent le déchaînement.

Nous sommes devant un problème très ambigu : nous ne pouvons pas espérer un règne souverain de la pure logique, nous ne sommes pas des ordinateurs – même si les ordinateurs acquièrent toujours des qualités nouvelles, ils n'auront ni les expériences vécues ni les sentiments. C'est tout cela que nous ne pouvons dissocier de notre intelligence.

– Paul Valéry disait que deux grands dangers menacent l'homme, le désordre et l'ordre. Si l'on vit dans le désordre, l'on ne peut donner forme au monde que l'on perçoit. On perd sa cohérence, on est confus, on part dans tous les sens, on ne peut plus éprouver. Il faut donc un ordre, mais pas seulement, car l'ordre se pétrifie, se transforme en doctrine et finit par être désadapté du monde vivant… jusqu'au moment où une pichenette le fait disparaître! Ordre et désordre, nous sommes en fait devant deux forces opposées qui doivent se marier pour fonctionner ensemble. Et ce qui caractérise à la fois la merveille et la tragédie humaines, c'est que l'homme appartient peut-être à la seule espèce capable de transgresser les lois naturelles. Ainsi, du fait que notre cerveau nous rend capables de totalement décontextualiser une information, de vivre donc dans un monde uniquement de représentation, nous nous coupons de ces mécanismes régulateurs de l'ordre et du désordre. On le voit par exemple dans tout ce qui concerne le temps. Pendant très longtemps, on a cru que le temps était une notion philosophique, or on découvre maintenant que ce peut être aussi un concept biologique.

Les neurobiologistes nous apprennent que lorsqu'il y a une section du lobe préfrontal ou une altération des tubercules mamillaires, les sujets ne perçoivent que le présent, ils vivent dans des successions de présents. Il n'y a plus, dans ces lieux cérébraux, de connexions avec la mémoire, ni de possibilité d'anticipation. L'effet bénéfique de ces lobotomies est qu'il n'y a plus d'angoisse, puisqu'il n'y a plus ni la souffrance passée ni la peur de l'avenir. Mais l'effet maléfique, c'est que l'on ne peut plus donner sens, on a oublié d'où l'on vient et l'on ne cherche pas à savoir où l'on va. Cela donne des *scenarii* comportementaux tout à fait étranges. L'ordre règne, il n'y a pas d'angoisse, il n'y a que des stéréotypies... Revenons à la condition humaine : le langage déclenche nos émotions et nos représentations du temps puisque l'on est capable de vivre dans un monde du récit. C'est dire, par exemple, « ma vie a changé le jour où ma mère m'a dit que je n'étais pas sa fille ». Cet énoncé change radicalement toutes les représentations et toutes les émotions, il n'exclut pas du tout, mais il tend plutôt vers une naissance supplémentaire au monde des mots, des récits. C'est là que l'on va éprouver des émotions, enraciner des bases comportementales... Quand j'étais enfant, je me lavais dans la bassine devant mon père. Puis, un jour, ma mère m'a dit que ce monsieur n'était pas mon père.

Dès ce jour, je n'ai plus pu me laver dans la bassine devant lui puisque ce monsieur n'était plus mon père, mais un homme. Le simple énoncé d'une phrase a donc changé radicalement, en une seconde, le monde des émotions, des représentations et des comportements qui s'y enracinent.

EDGAR MORIN

– Il faut adopter cette notion du dépassement de Hegel qui dit que ce qui est dépassé doit être conservé. Dépasser n'est pas oublier, n'est pas détruire. C'est intégrer. Sans doute passons-nous d'un niveau à un méta-niveau, d'un méta-niveau à un autre méta-niveau, mais tout ce qui est englobé demeure présent. Il ne faut pas oublier que nous portons en nous les premières cellules qui sont apparues sur la Terre, car c'est du produit de leur multiplication que sont issus tous les êtres vivants, dont nous-mêmes. Cela dit, je crois qu'un événement très important est arrivé dans la connaissance scientifique depuis une vingtaine d'années, la faillite du règne de l'ordre.

C'était quand même une grande présomption, une débilité de la pensée scientifique occidentale d'imaginer que le monde était une machine déterministe parfaite, que tout était réglé comme et même mieux qu'un mécanisme d'horloge! Le déterminisme régnait partout; même les accidents historiques étaient des épiphénomènes sans signification. Heureusement, le désordre a fait irruption, dans la thermodynamique, dans la microphysique. On s'est alors rendu compte que dans l'histoire humaine, il y avait aussi le bruit et la fureur. On a réalisé que les événements, qui ont tous une dimension aléatoire, jouent un rôle. On a compris que notre pensée doit fonctionner en faisant un jeu entre l'ordre et le désordre. Le désordre pur, c'est la dissolution générale, l'ordre pur, c'est la congélation générale… C'est en substance la phrase de Valéry que vous avez précédemment citée et ce sont sans conteste les deux fléaux pour nous, humains. Avec tous les risques que la liberté engendre. Car la liberté, c'est l'autonomie, c'est la capacité d'initiative et créative, mais c'est aussi la capacité de crime. Il est évident que nous ne pouvons souhaiter la liberté que si les esprits libres possèdent en eux, de façon très intérieure, le sens de la communauté. Si ce dernier se révèle inexistant, la liberté tend à devenir plus destructrice que productrice. C'est à mon sens un vrai problème d'avenir. On peut d'ailleurs s'interroger sur la définition d'une société complexe. C'est une société aux contraintes très faibles, où les individus et les groupes auraient beaucoup d'autonomie et d'initiative. Mais à la limite, pourrait-on dire, une société très complexe se dissout car il n'y aurait plus rien qui relierait les individus entre eux. Ce serait finalement le pur désordre! Si l'on veut que la complexité existe sur le plan humain avec le minimum de coercition, on ne peut s'appuyer que sur le sentiment de solidarité et de communauté en chacun des membres. Sans cela, c'est la destruction.

BORIS CYRULNIK

– Il est certain que le moyen le plus sûr, sur le plan de l'individu, est de se faire un récit intime. « J'ai connu telle ou telle épreuve », c'est tout ce qui fait notre histoire, notre identité. Or les événements que vous avez cités et qui constituent notre identité sont des événements sélectionnés, auxquels on a été rendus sensibles – car tout n'est pas événement dans une biographie. On peut se demander alors pourquoi certains d'entre nous sont sensibles à un type d'événement et d'autres à un autre type d'événement. En fait, on a été sensibilisé auparavant par un réel, probablement affectif, dont on ne prend pas conscience, une perception sans représentation, ni en images ni en mots, qui nous a pourtant façonnés. On met ensuite en récit ces événements et l'on devient « celui qui ». On construit notre identité alors que, probablement, la sélection des événements qui nous construisent est une production faite par nous-mêmes et pas forcément un acte réel. Si l'on reprend l'attitude face au monde vivant – que nous sommes en train d'essayer d'avoir depuis le début de nos échanges –, la question est de savoir ce qui peut faire un événement pour un animal. En fait, cela dépend beaucoup de son programme génétique. Un ultraviolet dans un monde de requin n'a aucun sens, car il n'est ni perçu ni représenté. À l'inverse, dans un monde d'abeille, l'ultraviolet parle, il est un événement. Même question pour un bébé : qu'est-ce qui peut faire événement dans un monde de bébé ? C'est le visage maternel et les informations sensorielles que la mère porte sur elle, la voix, l'odeur ; tout ce monde qui n'est pas incohérent et qui, dès la naissance, est au contraire formé par la sensibilité du bébé. On peut ainsi continuer dans la gradation : qu'est-ce qui fait un événement dans une société ? Il suffit que quelqu'un change le discours social. Et qui fait le discours social ? Quelqu'un arrive un jour et dit : « Voilà, à partir d'aujourd'hui, la royauté n'existe plus. » Très rapidement, le roi finit par ne plus exister et la société se met à fonctionner autrement… mais savez-vous qui fait le discours social ?

EDGAR MORIN

– En France, si je reprends votre dernier exemple, je peux dire que cela n'a pas du tout commencé en disant « la royauté n'existe pas ». Il n'y avait pas de républicains en 1789, mais des gens qui avaient des aspirations démocratiques, qui voulaient abolir les privilèges aristocratiques, etc. Dans une chaîne d'événements historiques (la fuite du roi, la déclaration de guerre à la France révolutionnaire, la complicité et l'arrestation du roi, son jugement, sa condamnation, son exécution), un destin s'accomplit, le transfert de la souveraineté du roi au peuple. Ainsi, en l'espace de quelques mois, dans une véritable accélération de l'histoire, le pays est devenu républicain. Je pense que tout commence toujours par une déviation. Vous avez un premier message isolé qui va trouver quelques partisans épars. Si ce message n'est pas écrabouillé sur place, il va pouvoir commencer à se développer dans des conditions favorables, parfois extrêmement lentes. Il a quand même fallu plus de trois siècles au christianisme pour qu'il se répande et devienne une religion officielle! Le socialisme, qui a fermenté au XIXe, a eu besoin de plusieurs décennies pour devenir une grande force historique. Tout commence par une déviance qui, dans certaines conditions favorables, devient une tendance. À cet instant, le discours le plus hégémonique tombe en morceaux et est remplacé par un nouveau discours, qui parfois intègre les morceaux de l'ancien. Il est clair qu'il faut abandonner, là encore, une vision frontale de l'histoire. On croyait que l'histoire avançait comme un fleuve majestueux, un glacier. En réalité, l'histoire progresse comme un crabe, de côté et de façon dissidente. Des parasites détruisent le cours social, en bouffent les morceaux, intègrent en eux un certain nombre d'usages et constituent bientôt l'espèce dominante. C'est pour cette raison que l'avenir du monde est incertain.

– Il va falloir continuer à jouer! Il y a là, enfin, un point de désaccord à débattre. Vous m'expliquez qu'une succession d'événements crée un nouveau discours social. Ce nouveau discours va donc changer les représentations, les comportements des organisations sociales. Je comprends bien cela, mais laissez-moi vous citer un exemple qui a de quoi faire réfléchir. En Roumanie, l'homme qui détient le pouvoir énonce que le fœtus appartient à l'État. Cet énoncé par un seul homme est complètement hors culture, hors contexte scientifique, médical, etc. Il organise simplement les murs, les institutions, le règlement et produit ce qu'il a pensé. Les femmes sont donc contraintes à mettre au monde des enfants (leur linge est surveillé), mais comme l'État ne peut pas en assurer le développement, ils se retrouvent à l'orphelinat, un moindre mal par rapport à la société. Or, ayant été dit que le fœtus appartient à l'État et non pas aux mères, aux familles, aux groupes sociaux, ces enfants deviennent des monstres. Personne ne leur parle, on leur envoie un coup de jet d'eau une fois par mois, on leur donne une gamelle par jour; la conséquence peut même être anatomique. La plupart de ces enfants n'ont pas accès au langage puisque personne ne leur parle, la sécrétion des hormones de croissance chute puisque personne ne les caresse, la sécrétion des hormones sexuelles s'effondre puisque l'on ne peut pas, à l'âge de la puberté, faire la différence entre un garçon et une fille. Ces monstres sont la conséquence d'une pensée d'un seul homme, car tous les comportements sont organisés autour de cette pensée. Ce raisonnement qui s'échange entre nous est vraiment le raisonnement en gradient. Un homme au pouvoir pense, les murs s'organisent et par la chaîne d'interactions, on en arrive à un morphotype d'enfant petit, avec une non-différenciation sexuelle. Le point de départ qui a provoqué toute une chaîne d'interactions est un discours.

EDGAR MORIN

– Il est extrêmement important d'indiquer la possibilité d'effets en chaîne, insoupçonnés et insoupçonnables. Les météorologistes parlent de « l'effet papillon », un battement d'ailes de papillon en Australie pouvant créer une tornade en Floride. Nous avons dans votre exemple quelque chose qui montre que le pouvoir suprême ayant échu à cet homme, son caprice, sa sottise peuvent créer un état de fait qui va se répercuter sur les générations futures. Quand on est au sommet d'un pouvoir, un caprice peut avoir des conséquences épouvantables. Quand il a déclenché sa révolution culturelle, Mao ne faisait peut-être pas un caprice d'enfant, mais son désir de se débarrasser de quelques-uns de ses collègues du Comité central a entraîné, semble-t-il, 20 millions de morts. En fait, le grand problème est celui-ci : sur le plan de l'idée, les effets d'une action dépassent les intentions de celui qui déclenche cette action. Et les effets à long terme sont incalculables. J'ai vu récemment mon ami Labeyrie, géologue vulcanologue, qui me parlait de l'hypothèse suivante : la mousson du Viêt Nam provoque les éruptions volcaniques en Italie – les pluies les plus abondantes sur terre sont celles qui tombent sur la péninsule sud-asiatique, il y a un mètre d'érosion tous les cent ans ; à la longue, parce que les continents flottent, l'Asie de l'Est tend à s'élever et la Turquie à s'abaisser, le sous-sol pousse vers la Grèce puis l'Italie du Sud ! Vraie ou pas, cette hypothèse mérite qu'on s'y attarde, car dans combien d'autres cas nous voyons-nous des conséquences absolument inattendues ?

Cela fait partie de l'incertain dans lequel nous sommes plongés.

– On est tous fondus ensemble, comme disait Darwin, seuls nos mots découpent des morceaux de réel, ce qui est irréel.

EDGAR MORIN

– Je me demande si certains de nos auditeurs n'ont pas eu l'impression que nous discutions à bâtons rompus, passant sans cesse d'un sujet à l'autre. Je crois que cela correspond aussi à la forme de nos esprits. En effet, nous sommes tentés de voir les liens, et non pas seulement les distinctions. Si nous parlons de l'intelligence humaine, nous avons besoin de la référer à ce qui était l'intelligence animale, pas seulement pour voir la continuité, le développement, mais aussi le saut qu'apporte évidemment le langage ou la conscience humaine. On passe des thèmes politiques aux thèmes éthiques... Sur le plan de l'éthique, je crois que l'on ne peut pas déduire une éthique d'une connaissance, mais l'on peut nourrir de connaissances l'éthique. Il est par exemple certain que les connaissances que nous apporte l'écologie sur les dégradations qui surviennent dans notre biosphère peuvent alimenter notre éthique, qui est de vouloir que la vie humaine puisse continuer. Prenons le thème éminemment politique de la démocratie. Mais qu'est-ce que la démocratie? C'est beaucoup de choses! Ce sont des libertés publiques, des séparations de pouvoir, des élections, des majorités qui assument un gouvernement... Mais il ne faut pas oublier que la démocratie est, en profondeur, l'organisation de la diversité. Une démocratie suppose et nécessite des points de vue différents, des idées qui s'affrontent. Ce n'est pas seulement la diversité, c'est la conflictualité. Mais la grande différence avec les conflits physiques – qui se terminent par des destructions et des morts –, c'est que la démocratie est un mode de régulation du conflit à travers des joutes oratoires, parlementaires ou autres, avec un certain nombre de règles auxquelles elle doit obéir. Sur ce plan aussi, nous retrouvons ce problème de la valeur de la diversité que nous avons vu en ce qui concerne les êtres vivants, les récoltes, la biosphère, la culture. Et à ces problèmes fondamentaux, je réponds par la nécessité d'une circulation entre les connaissances. À mon sens, la possibilité d'assurer ces circulations est ce que l'on appelle la culture. Qu'était la culture, au sens classique du terme? Les cultivés non seulement se nourrissaient de philosophie, de littérature, de poésie, de beaux-arts, mais surtout essayaient de les intégrer dans leur vie. Autrement dit, lorsque vous lisez Montaigne, Molière ou La Rochefoucauld, il s'agit d'intégrer dans votre vie et dans votre pensée des idées ou des connaissances sur l'homme, la nature et la société. Certes, on ne peut pas tout avoir dans sa tête, mais on peut circuler dans le savoir. Je pense que faire œuvre de culture, c'est donner au citoyen la capacité de briser, de transgresser les frontières et les compartiments de plus en plus clos entre les différents domaines du savoir.

BORIS CYRULNIK

– Poursuivons votre proposition en reprenant le concept que j'avais proposé sur l'empathie, l'aptitude à se mettre à la place d'un autre. On voit cette aptitude progressivement apparaître dans le monde vivant, l'homme la possédant bien sûr au plus haut degré. L'idée que j'avance est celle-ci: cette aptitude est peut-être la seule que nous avons qui puisse vraiment fonder une morale. Quand j'étais petit, il y a quelques milliards d'années, j'étais totalement soumis au contexte.

J'avais des antennes et si je percevais une molécule de phéromone de la femelle motivée, toc, je mettais le cap sur elle. La vie était belle, je n'avais que des certitudes et aucun doute. Puis, lorsque j'ai été grenouille et que je suis devenu amphibie, j'ai commencé à traiter des informations de plus en plus éloignées de mon corps, j'ai pu également accéder aux perceptions du corps et aux émotions de l'autre. En revanche, en tant qu'homme, j'appartiens à la seule espèce vivante capable de me figurer les représentations de l'autre. Je suis alors contraint à partir à la découverte du monde mental de l'autre, de ses théories, de ses représentations et de ses émotions. Je suis donc forcé à ne pas vivre dans un seul monde – sinon je me transforme en dictateur – et si par malheur le pouvoir politique m'est accordé, je peux imposer ma vision du monde qui va détruire la société au nom d'une vision cohérente qui est la mienne. Ce qui signifie au fond que l'empathie propose peut-être la seule justification morale à être ensemble. Cette morale fondée sur le plaisir, le désir de découvrir les théories et les représentations des valeurs de l'autre s'oppose aux morales perverses. Car dans ce retour actuellement prononcé de la morale, il faut savoir que les grands pervers sont de grands moralisateurs. Sade a écrit *Justine,* un discours moral : lorsqu'il enchaîne des pages à des piliers, c'est pour leur faire des tas de trucs sexuels et en même temps... des cours d'économie politique ! Jean-Jacques Rousseau, qui ne pouvait éprouver le plaisir que lorsqu'on le fessait, était lui aussi un grand moralisateur. Il y a des morales perverses, les sadiques se servent notamment souvent du règlement pour soumettre l'autre : « Le règlement est comme ça, tu ne peux pas faire autrement, tu feras ce que j'ai dit, parce que la loi est ainsi, etc. » Il y a enfin de la part des pervers une grande stratégie, celle qui fait que l'on se cache très bien en se mettant en lumière. En effet, c'est souvent dans des groupes de défense moraux, où ils vont se protéger, que l'on trouve les plus grands pervers. Je crois que s'il y a une seule vérité, elle ne peut pas être morale, au contraire, elle est criminelle. Et que les grands crimes contre l'humanité ont été perpétrés au nom de la purification. « Il n'y a qu'une manière d'être homme biologiquement, au nom d'une seule théorie... il n'y a qu'une seule théorie, la mienne. »

Tous les grands crimes contre l'humanité ont été commis au nom de la vérité. La seule, une seule vérité.

— Je suis pleinement d'accord avec vous et, avant de réaffirmer cela, je voudrais revenir sur l'exemple du papillon… Le papillon n'est pas seulement prisonnier du contexte, il est prisonnier de son programme génétique. Cette façon d'être prisonnier lui donne en même temps le génie d'opérer sa métamorphose au sein de la chrysalide. À ce moment, une machine se met en marche : au lieu de le protéger, son système immunologique l'autodétruit. Mais dans cette autodestruction, il va naître papillon, c'est-à-dire le même mais autre… Or nous, pauvres humains, nous sommes dans une époque où nous voyons beaucoup de facteurs de destruction et de décomposition, sans même savoir si cela annonce une recomposition ou quelque chose d'autre. Nous n'avons pas dans nos gènes la clé pour le monde de l'avenir : c'est dans nos consciences, nos volontés, nos intelligences que le problème se trouve posé. Problème d'intelligence mais aussi, comme vous l'avez dit, problème d'empathie. Qu'est-ce que l'empathie ? Dans le fond, c'est un processus de projection et d'identification. Je me projette sur autrui et cet autre, je l'identifie à moi. C'est le moment où je sens que je suis toi, où l'autre s'ouvre en quelque sorte car il cesse d'être un objet soumis à l'explication. La compréhension, c'est la façon qu'a un sujet de connaître un autre sujet. Si je vois l'autre pleurer, je ne saurai pas ce que cela signifie en faisant une analyse chimique de ses larmes. Par contre, je le comprendrai parfaitement si je sais que je peux pleurer parce que j'ai du chagrin. Sans ce type de rapports humains, rien n'est possible… Vous avez insisté aussi sur cette idée de purification. Je pense qu'elle est très importante, car il s'agit de l'un des mots attachés à la naissance de la nation moderne. La nation espagnole s'est créée sur la base d'une purification religieuse par l'expulsion des juifs et des islamiques. Les purifications religieuses ont sévi aux xvie et xviie siècles pendant les guerres de Religion. L'Angleterre a exclu les catholiques, Louis XIV a révoqué l'édit de Nantes… Et même arrivé à une heureuse époque de laïcité, on a vu apparaître une autre purification, ethnique et raciste. La purification ethnique n'est d'ailleurs pas une invention des Serbes. Au début du siècle, lors des guerres gréco-turques, des millions de Grecs ont dû quitter la Turquie d'Asie, tandis que des millions de Turcs ont quitté la Macédoine pour rejoindre la Turquie. Après la

Seconde Guerre, des millions d'Allemands ont été chassés de la Silésie polonaise et des millions de Polonais chassés de l'Ukraine, etc. Actuellement, nous avons malheureusement des poussées de nationalisme, avec, bien évidemment, la réapparition de la purification et, dans certains pays, l'absolutisation des frontières... Il est certain que les nations se sont fondées sur l'idée d'une communauté de destin; il est évident qu'appartenir à une nation donne l'impression que l'on est enraciné dans une communauté. Mais aujourd'hui, nous sommes capables de penser qu'il y a une communauté beaucoup plus ancienne et élargie: une communauté proprement terrienne, humaine. Pourquoi? Parce que nous avons découvert notre identité d'origine: l'humanité n'a pas poussé comme des champignons, n'importe où; elle a une souche qui s'est répandue. Nous avons également découvert une identité de nature, le fait que nous sommes tous capables de rire, de pleurer et de sourire même si, selon les cultures, nous modulons différemment les rires, les pleurs et les sourires. Il y a cette unité fondamentale qui va se maintenir à travers les formidables diversités: unité et diversité, voilà notre double trésor. Enfin, nous sommes à l'ère planétaire, l'ère de la communauté de destin de toute l'humanité : nous avons les mêmes problèmes fondamentaux de vie ou de mort – que ce soit l'arme atomique, la menace écologique, le sida, les guerres, l'économie, etc. J'en viens alors à cette idée qui m'est chère de la « Terre patrie ». J'ai la conviction que si nous pouvons mettre le mot de patrie sur notre Terre, il ne s'agit pas d'opposer un cosmopolitisme sans racine et abstrait aux enracinements concrets. On ne nie absolument pas les enracinements, mais ceux-ci doivent s'intégrer dans un enracinement plus profond. Il ne peut y avoir de complexité sans que chacun de nous ait le sens de la communauté. Je pense que la planète ne pourra pas se civiliser si cette idée d'appartenir à une communauté terrienne ne s'enracine pas chez les humains. Dans le cas contraire, les barbaries que nous avons déjà connues déferleront à nouveau…

BORIS CYRULNIK

– Sur le plan biologique, il est vrai que j'appartiens à l'espèce humaine, puisque je peux féconder toutes les femmes de la planète. Le génie humain, c'est d'avoir à choisir entre l'évolution ou la pétrification, c'est-à-dire entre la mort psychique et la mort physique. La catastrophe est peut-être un mode évolutif habituel dans le monde humain et peut-être même dans le monde vivant où des espèces ont pris la place d'espèces disparues grâce aux catastrophes évolutives. Bien sûr, cela est un mode d'évolution animal et l'on n'est pas obligé de respecter les lois animales puisque nous vivons dans un monde humain. On peut très bien passer la convention du signe et la convention de la loi, pour nous permettre de coexister dans un même espace-temps. C'est peut-être cela qui fait la spécificité humaine !

EDGAR MORIN

– Mais s'il y a une catastrophe écologique, ce sont peut-être les fourmis qui en profiteront.

BORIS CYRULNIK

– Tout à fait ! D'ailleurs, actuellement, la principale masse vivante sur Terre n'est pas l'homme, mais le ver de terre… Et si un Martien devait faire une déclaration de paix, je pense qu'il devrait apprendre le langage des vers de terre car ce sont eux qu'il faudra séduire, ce sont eux qui possèdent le monde!... En vous écoutant parler de la condition humaine, je me disais que les hommes viennent toujours d'ailleurs. Il y a très peu d'hommes qui sont issus de l'endroit où ils se trouvent...

EDGAR MORIN

– Les Européens les premiers sont les descendants des grandes invasions!

BORIS CYRULNIK

– Forcément! Quand on fait une carte de l'histoire de l'homme, on voit des flèches dans tous les sens. La notion de nation est un abus, c'est une convention guerrière qui permet de tracer des limites qui englobent des hommes venus d'horizons très différents. Pourtant, je crois qu'il faut quand même appartenir à quelqu'un. Lorsque l'on travaille avec les enfants sans famille, on se rend compte qu'ils n'ont qu'une idée en tête, « appartenir ». Dès l'instant où l'on appartient à une mère, à une famille, à une langue, à une culture, on se constitue son identité, on devient quelqu'un. Et cette réduction d'identité, de langue, d'émotion nous façonne et nous constitue en même temps. Tout l'enchaînement de nos entretiens a été de dire qu'il était nécessaire de faire des théories et qu'il était abusif de n'en faire qu'une. Le raisonnement est le même pour le sentiment d'appartenance : il est nécessaire d'appartenir à ses parents, à sa langue, à sa religion, à son groupe culturel, mais il est abusif de ne croire qu'il n'y a que ce mode d'appartenance possible. L'avantage des mères est qu'on leur appartient quand on est enfant, ce qui nous permet plus tard de devenir autonome et de les quitter. La fonction maternelle consiste donc à avoir un enfant pour lui donner les moyens de la quitter. Éduquer, c'est conduire hors de soi. Même raisonnement pour la biologie. Ce n'est qu'à partir de la matière que l'on peut sortir de la matière. Il faut de la matière pour échapper aux lois de la matière, devenir homme et habiter le monde des signes, des mots et des récits. La grande faille politique qui se dessine actuellement, c'est de dire : « J'ai la vérité, je vais vous l'imposer... J'ai la vérité biologique, on va faire une purification ethnique. » Biologiquement, cela n'a aucun sens, car s'il y a une universalité de l'homme, elle est bien biologique puisque je peux féconder toutes les femmes de la planète. En revanche, si je veux construire ma personnalité, je suis obligé de réduire mes potentiels, puisque je ne peux pas être tout. Pour devenir moi-même, je suis donc obligé de renoncer à parler toutes les langues, de réduire les traces dans mon cerveau pour percevoir un monde, d'appartenir à une culture et je suis même invité à rencontrer une autre culture. Et je voudrais souligner le mot « rencontre », car étant devenu moi-même, je peux partir à la rencontre d'un autre ; cela va d'ailleurs être très amusant de découvrir un autre continent, une autre culture, une autre mentalité. Mais je reste moi-même en rencontrant un autre. Il n'y a jamais d'hybride. C'est ce que l'on nous propose maintenant, la lutte contre l'hybride. Le viol des femmes en ex-Yougoslavie consistait justement à leur planter dans le ventre des hybrides, c'est-à-dire le crime des crimes ! Eh bien pas du tout, je reste moi-même et si je désire rencontrer un autre, il n'y aura jamais d'hybride : ce sera deux personnes, deux cultures, deux sexes, deux formations différentes qui vont se rencontrer.

EDGAR MORIN

– J'aime quand même votre idée d'hybride… Je dirais que si nous avons affaire à des cultures très originales, nous voyons que l'origine de ces cultures est elle-même le fruit de rencontres. Le phénomène de la rencontre crée donc du nouveau, une émergence nouvelle. Une culture doit à la fois s'ouvrir et se fermer. Se fermer dans le sens où elle doit maintenir sa structure, son identité – parce que l'ouverture totale est la décomposition. Mais s'ouvrir reste la seule façon de s'enrichir, c'est-à-dire intégrer du nouveau sans se laisser se désintégrer. Prenons un exemple musical auquel je tiens beaucoup, le flamenco. Ce chant me semblait le plus pur et le plus authentique qui soit… En vérité, il a des sources indiennes, ibères, arabes, juives. C'est justement cela qui a permis que se crée quelque chose d'original – qui est en plus le message chanté du peuple gitan. Bien entendu, le flamenco risquait de se dissoudre, mais s'il a ressuscité aujourd'hui, c'est parce que quelques-uns ont voulu le garder. On voit bien qu'une culture peut très bien se diversifier, que le métissage est créateur d'une nouvelle identité. Le problème de l'identité doit être vécu comme une poly-identité concentrique. Vous avez raison de dire qu'il ne faut jamais oublier la mère, car sans maternité, il n'y a pas de fraternité. Pour s'en assurer, il suffit de regarder la tragédie de ces enfants et adolescents sans foyer (mère absente, père disparu, désintégration de toutes les solidarités sociales, etc.). Il est évident qu'il y a des besoins de communauté au niveau de la famille, au niveau aussi de l'habitation – le village, le bloc de maisons, le quartier. Aujourd'hui, beaucoup de solidarités se décomposent et engendrent solitude et désespoir... Il s'agit en outre de vivre ces solidarités à des échelles qui n'existaient pas, comme cette solidarité européenne qu'il s'agit de constituer sans détruire ni dissoudre les solidarités à l'échelle des nations. Et il y a, je le répète, une autre solidarité, une solidarité humaine, terrienne. Il faut percevoir ces solidarités non pas comme antagonistes, mais comme complémentaires. L'idée atroce est celle de l'exclusion. Les identités sont faites d'intégration. Au fond de mon « je », de mon « moi », il y a d'autres « moi ». Il y a mes parents qui ne sont pas moi – je porte le nom d'une famille de gens que je n'ai même jamais connus. Il y a aussi l'influence de ceux qui m'ont nourri, qui sont en moi, tous ceux qui entrent dans le moi, dans le « je », qui peuvent enrichir mon identité.

Vous avez raison, un monde où l'on ne comprendrait pas l'autre, où on le verrait comme ennemi, où l'on se fermerait à lui est un monde de l'horreur.

Je pense que l'ouverture à soi et l'ouverture à l'autre sont effectivement deux faces de la même chose.

BORIS CYRULNIK

– Il faut être soi pour rencontrer. Vous avez dit que la rencontre crée du nouveau, comme le sexe... Quand on parle de reproduction sexuelle, on utilise un mauvais terme. Pourquoi? Parce que dès l'instant où le sexe apparaît dans le monde vivant, un mâle et une femelle se rencontrent pour inventer un troisième être qui, à partir d'un même programme génétique, va pourtant recombiner les gènes pour concevoir une autre manière d'être vivant. Comme la rencontre, le sexe crée du nouveau. C'est donc presque une loi du vivant. Et ce que vous dites me paraît très important, nous sommes contraints à l'innovation. Sinon, on répète la loi, on la transforme en discours litanique. Cette fonction est certes tranquillisante, soporifique, mais elle empêche la rencontre, en donnant une seule vision du monde alors qu'il y a mille autres manières de vivre. N'avez-vous pas l'impression que ce retour de la généalogie que l'on constate actuellement est peut-être sur le plan historique et temporel, l'équivalent du nationalisme sur les plans géographique et de l'espèce? Il est certain que dès l'instant où je parle, où je suis un homme, j'ai besoin de connaître l'histoire de ma personne, de ma famille, de mon groupe social, cela participe à mon identité. Mais tout de même, nous sommes en train de nous faire la guerre pour des problèmes posés il y a plusieurs siècles, voire plusieurs millénaires!

EDGAR MORIN

– On n'est pas condamnés, mais on le risque beaucoup. Effectivement, on comprend parfaitement ce besoin de généalogie. Il n'est pas seulement une réponse, un réflexe à un processus de déracinement et d'homogénéisation… Il est même très bon, à condition que cela ne renferme pas. Au fond, tout le problème est là: la grande menace est le renfermement. Sur le plan mental, quel est le danger aujourd'hui? C'est le fragment – le fragment nationaliste – qui veut se considérer comme la seule vraie totalité; c'est le renfermement culturel, national et religieux qui oublie la solidarité avec les voisins et, plus largement, avec toutes les autres sociétés humaines. C'est la fragmentation du discours compartimenté, techno-scientifique qui, dominant sur la planète, ne voit chaque fois que des coupes et qui élimine tout ce qui est de la chair, de la vie, de la passion, du sens, de l'humanité! Et à ces deux types de discours mutilants qui déferlent aujourd'hui, il faut opposer le discours du rassemblement, de la connexion, de la communication de l'empathie, de la communauté et de la communion…

BORIS CYRULNIK

– Et cela contraint à se forger, à devenir soi-même pour rencontrer un autre qui, lui aussi, est un autre soi-même.

Achevé d'imprimer en novembre 2021 en Espagne par Liberdúplex
Pour le compte des Éditions Marabout (Hachette Livre)
58, rue Jean Bleuzen, 92178 Vanves Cedex
Dépôt légal : janvier 2021
ISBN : 978-2-501-15956-2
1926982 – Éd. 03